꽁꽁 숨기고도 싶고, 마구 소문내고도 싶어.
소녀들의 일상은 소소하지만 특별해.
그중에서도 더 특별하게
다이어리에 표시해 둔 날이 있지.
바로 내 생일! 나는 소중하니까!
생일은 매년 돌아온다지만, 매번 기대돼.
작년의 나와 올해의 나는 같지 않거든!

*일러두기
본문 하단의 각주는 표준국어대사전에 등재되지 않은 신조어와 줄임말, 방언을 뜻풀이한 것입니다.

소녀들에게는 사생활이 필요해

김여진 글 | 이로우 그림

사계절

차례

소녀의 취향
1. 아이돌에 풍덩 빠져 버렸어 12
2. 만지면 만질수록 더 만지고 싶어 14
3. 다 같은 볼펜이 아니야 16

소녀의 취미
4. 다꾸로 나를 드러내고 싶어 18
5. 커버댄스, 짜릿하고 신이 나 20
6. 네 컷 사진은 놀이에 필수! 22
7. 뭔가 끄적이고 싶어 24

소녀의 맛
8. '맵부심' 부리고 싶은데, 너무 매워 26
9. 직접 먹어도 좋지만, 먹방은 더 좋아 28
10. 밥보다 떡볶이! 30
11. 에너지 드링크, 기운이 솟는 것 같아 32

소녀의 미디어
12. 숏폼의 파도, 계속 타고 싶어 34
13. 소셜 미디어, 멈출 수가 없어 36
14. 셀카 찍고 올려서 '좋아요' 받는 기쁨 38
15. 게임 중독일까? 40

소녀의 관계
16. 인싸가 되고 싶어 42
17. 이성 친구가 궁금해 44
18. 절친이랑 다른 반이 돼서 서운해 46
19. 선생님이 좋은데, 불편하기도 해 48
20. 부모님께 들키고 싶은 속마음 50
21. 강아지 너무너무 키우고 싶은데 52

소녀의 생활
22. 받아도 받아도 부족한 용돈 54
23. 나도 지각하기 싫다고! 56
24. 아침에 일어나기 너무 힘들어 58

소녀의 몸
25. 옷 잘 입고 예뻐 보이고 싶어 60
26. 재미없고 힘든 운동, 꼭 해야 해? 62
27. 브래지어 너무 불편해 64
28. 생리 기간이 힘들고 괴로워 66

소녀의 공간
29. 방은 지저분한데 누가 치워 주는 건 싫어 68
30. 내 공간에 들어올 때 노크는 필수! 70
31. 집중이 잘 되는 공간? 안 되는 공간? 72

소녀의 꿈
32. 오래 앉아 열심히 한 것 같은데 성적이 오르지 않아 74
33. 폼나게 외국어 잘하고 싶어 76
34. 장래 희망이 한두 개가 아니야 78
35. 장래 희망이 없어서 고민이야 80

작가의 말 84

아이돌과 함께 훌쩍 성장

축하해! 너, 사랑에 빠졌구나? 분명 네 마음인데, 제멋대로 움직이는 것 같지? 이렇게 아이돌에 푹 빠지게 되는 데는 여러 가지 이유가 있어.

일단, 외모와 패션이 멋지고 재능도 많으니 좋아지는 건 당연해. 사춘기가 되면 어딘가에 속하는 '소속감'을 강하게 느끼고 싶어져. 아이돌 덕질*을 하다 보면 단순히 최애* 멤버만 좋아하는 게 아니라 그 팀을 가슴 깊이 아끼게 되잖아. 같은 아이돌, 심지어 같은 멤버를 좋아하는 친구가 있으면 어마어마한 동질감을 느끼기도 하고. 같은 영상을 보고, 같은 노래를 듣고, 같이 안무 연습을 하기도 하면서 함께 기뻐하고 슬퍼하다 보면 영혼의 단짝이 된 것 같지.

또, 좋아하는 아이돌이 점점 성장하는 모습을 보면 가슴 벅차지 않아? 갈수록 노래와 춤도 발전하고, 새 앨범의 반응까지 좋으면 마치 내 일처럼 뛸 듯이 기쁘잖아. 최애 아이돌의 눈부신 성장을 지켜보며 자연스럽게 나도 뭔가 열심히 해서 잘하고 싶어진다면, 그거야말로 '최고의 덕질' 아닐까?

> 사생활까지 깊이 파헤치는 '사생'은
> 진정한 팬이라고 할 수 없어.
> 덕질에도 존중이 필요해.

*덕질: 어떤 분야를 열성적으로 좋아해 관련된 정보나 물건을 모으며 그 분야를 파고드는 일.
*최애: 가장 사랑함. 여러 종류 중 하나를 가장 아낀다는 뜻.

의미 없이 만지작거리는 게 아니야

슬라임이나 푸시팝은 만지면 만질수록 더 만지고 싶어지지? 이렇게 단순한 동작을 반복하며 만지작거리는 장난감을 '피짓 토이(fidget toy)'라고 해. '피짓(fidget)'은 '꼼지락거리다'라는 뜻이야. 피짓 토이는 왜 자꾸 만지고 싶을까? 단지 유행이라서? 아니, 사실 이런 장난감은 우리 몸의 특성 때문에 생겨났다고 해.

중요한 시험이나 면접을 앞두고 손톱을 깨물거나 머리카락을 계속 매만지는 사람들 있지? 이렇게 단순한 동작을 반복하거나 무언가를 만지작거리는 행동은 근육의 긴장을 풀어 주고 불안감과 스트레스를 낮춰 줘. 암기 시험 볼 때 무언가 만지작거린 사람들이 시험을 더 잘 봤다는 연구 결과도 있어! 잠자코 있기보다 움직여야 오히려 차분해지고 집중이 잘 된다는 거야. 불안과 초조를 줄여 보려는 우리 몸의 노력이 신기하지 않니?

불안할 때 어떤 물건을 만지면 편안해져?
친구들과 얘기해 보면 재밌을 것 같아.

소소한 사치, 문구 사랑

같은 색 볼펜이 있는데 왜 볼펜을 또 사고 싶을까?

'파란색' 하면 어떤 색이 떠올라? 맑은 날 쨍한 하늘의 파랑? 깊은 바다의 짙은 파랑? '팬톤(PANTONE)'이라는 미국의 색채 연구 개발 회사는 1963년에 이미 색깔에 아주 구체적으로 이름을 붙였어. 현재 팬톤이 붙인 색 이름이 무려 1만 개가 넘어. 어마어마하지?

필기구마다 심의 굵기도 달라. 0.3밀리미터의 볼펜과 0.7밀리미터의 볼펜, 어떤 굵기의 볼펜을 쓰느냐에 따라 글씨 모양이 자연스럽게 달라지지. 손에 쥐는 느낌이나 잉크의 종류는 또 어찌나 다양한지. 그러니 우리가 쓸데없이 필기구를 자꾸 사는 게 아니야. 죄책감은 넣어 둬.

문구에 열광하는 어른들도 많아. 《찰리와 초콜릿 공장》의 작가 로알드 달은 평생 노란색 D사 연필만 썼대. 박완서 작가는 P사의 만년필을 애용했고. 자기만의 문구 사랑이 있었지. 너도 너와 꼭 닮은, 네 손에 꼭 맞는 '반려 필기구'로 네 개성을 맘껏 뽐내 보길 바라.

> 디자인만 보고 구매했다가
> 실패한 적은 없어?
> 너만의 문구 선택 기준을 정해 봐!

작고 소중한 개성을 마음껏 드러내 봐

다이어리 꾸미기(다꾸)가 다시 유행이라는데, 너도 다꾸 홀릭*이야? 다꾸는 정해진 규칙 없이 마음대로 하면 돼. 마스킹 테이프, 스티커, 인스(인쇄 스티커), 떡메모지(메모지 묶음), 사진, 아이돌 포토 카드, 티켓, 털실, 단추 등 어떤 재료든 다 이용할 수 있지. 직접 그린 그림, 캘리그라피도 좋아. 손바닥만 한 다이어리에 네 개성을 한껏 드러낼 수 있어. 노트와 펜만 있어도 충분해! '자기만의 개성을 표현하고 싶은 욕구'를 다꾸, 폰꾸(폰 꾸미기), 탑꾸(탑로더* 꾸미기) 등을 통해 채우는 거야. 또 하나, 다른 사람의 다꾸를 보는 것도 꿀잼*!

다꾸는 '스크랩북'에서 비롯됐어. 수첩에 사진, 나뭇잎, 신문 기사와 그림 등을 오려 붙이는 스크랩북은 아주 오래전부터 있었거든.《허클베리 핀의 모험》을 쓴 작가 마크 트웨인은 1800년대 사람인데, 풀을 쓰지 않아도 되는 스크랩북을 발명해 특허로 등록하고 판매도 했대. 오랫동안 꾸준히 사랑받는 것에는 분명 이유가 있다니깐!

다꾸를 다한 다이어리는 버리지 말고 차곡차곡 모아 둬. 돈 주고도 살 수 없는 소중한 너만의 역사가 될 테니까.

***홀릭**: 영어 '-holic'에서 온 말로, 어떤 대상이나 행위에 중독된 상태를 말함.
***탑로더**: 사진이나 카드를 보관하는 투명 보관함.
　　　　　탑로더에 사진을 넣어 꾸미는 것을 '탑꾸'라고 함.
***꿀잼**: '꿀재미'의 준말로, '매우 재미있음'을 뜻함.

같은 안무인데 100인 100색이야

숏폼*으로 커버댄스* 영상을 보면 시간 가는 줄 모르겠지? 원래 좋아하던 곡이 아니었는데도 커버댄스를 보다 보면 막 좋아지기도 하고.

춤을 여럿이 어울려 같이 추면 행복해지는 화학 물질인 엔도르핀이 마구 분비돼서 기분이 좋아진대. 또, 특정한 움직임을 따라 할 때 활성화되는 세포를 '거울 신경세포'라고 하는데, 움직임을 보기만 해도 거울 신경세포가 활성화된다고 해. 마치 직접 춤을 추고 있는 것처럼 말이야!

예전에는 팬들이 아티스트의 멋진 퍼포먼스를 그저 감상하는 게 주된 '덕질'이었는데, 요새는 훨씬 적극적으로 바뀌었어. 15초 이내의 숏폼에서 눈길을 사로잡는 '제스처형 포인트 안무'가 대세가 되면서 더 많은 팬들이 안무를 따라 하며 즐기게 되었지. 한 곡 전체를 다 따라 하긴 힘들지만, 15초 정도는 즐겁게 따라 해 볼 수 있으니까. 짧아도 막상 춰 보면 또 그게 쉽지만은 않아. 춤을 좋아한다면 한 번쯤 도전해 봐도 재밌을 것 같지?

힙합, 팝핀, 락킹, 발레, 재즈 댄스, 라틴 댄스, 한국 무용 등
다양한 춤 공연을 직접 보러 가 봐. 짜릿함이 두 배!

*숏폼: 15초~1분 내외의 짧은 영상으로 이루어진 콘텐츠.
틱ㅁ, 릴ㅁ, 쇼ㅁ 등이 있음.
*커버댄스: 가수의 춤을 그대로 따라 추는 것. 노래의 경우 '커버송'이라고 함.

돌고 도는 유행, 아날로그 감성

네 컷 사진 혹시 찍어 봤어? 사진은 스마트폰으로도 손쉽게 수백 장 찍을 수 있는데, 왜 굳이 돈 주고 네 컷 사진을 찍는 걸까? 네 컷 사진은 정해진 컷 수만큼만 찍고 인화된 사진을 받잖아. 손에 쥘 수 있는 진짜 사진! 그 아날로그 감성이 좋은 게 아닐까? 알고 보면 '네 컷 사진'을 찍으러 가서 얻게 되는 게 단지 '네 컷의 사진' 뿐이 아닐 거야. 진짜로 좋아하는 건 친구들과 어울려 사진을 찍는 과정에서 생기는 웃음과 즐거움이겠지! 사진을 찍고 나서 받는 '촬영 과정 영상'이 사진보다 더 재밌기도 하잖아. 또 머리띠나 가발, 인형 등을 이용해 재밌게 찍을 수 있는 것도 네 컷 사진의 엄청난 매력이야. 게다가 네 컷 사진은 고화질이 아니어서 필터를 씌운 것처럼 '뽀샤시하게' 나오니 만족도 최상! 그거 알아? 1990~2000년대에는 네 컷 사진과 비슷한 스티커 사진이 대유행이었어. 스티커 사진을 찍어서 수첩에 붙여 보지 않은 사람은 거의 없을 걸? (엄마 아빠에게 물어봐!) 역시 유행은 돌고 도는 것!

> 네 컷 사진은 만화처럼 컷이 나뉘어 있잖아. 네 컷이 하나의 연결되는 이야기가 되도록 찍어 봐도 꿀잼!

소녀의 취미

7. 뭔가 끄적이고 싶어

운동 영역
연필로 글씨를 쓰거나 키보드를 칠 때 함께 자극됨.

베르니케 영역
문장에 일관성이 있는지, 꼭 맞는 단어들이 들어갔는지 판단함.

브로카 영역
문법적으로 어색한 문장을 얼른 알아채게 해 줌.

해마
무언가를 기억해 내는 역할을 함.

글쓰기는 실제로 뇌에 좋은 활동이야

종종 친구에게 쪽지나 편지를 남기기도 하고, 소셜 미디어에 오늘 있었던 일이나 먹은 음식에 대해 사진과 함께 몇 줄 남기기도 하지? 비밀 일기장에 속마음을 쓰기도 하고, 좋아하는 아이돌을 주인공으로 팬픽*을 써 보기도 하고 말이야.

글 쓰는 취미를 가진 너, 정말 멋진 선택을 했어! 글쓰기는 실제로 뇌에 어마어마하게 좋은 활동이거든. 옆의 그림을 봐. 글을 쓰면 뇌의 각 부분을 사용하며 우리 뇌를 단련시킬 수 있어.

힘든 일을 겪은 날 차분히 자기 마음을 종이에 또박또박 써 보는 것만으로도 실제로 우울한 감정이 줄어든다고 해. 혼자 일기를 썼을 뿐인데 왠지 기분이 나아졌던 적 있잖아. 말은 내뱉고 나면 다시 주워 담아 고칠 수 없지만 글은 그렇지 않지. 처음엔 엉성해도 천천히 시간을 두고 이리저리 고쳐 볼 수 있고, 결국 네 것으로 남잖아? 뒤죽박죽 머릿속이 복잡할 때 생각을 글로 쓰다 보면 정리가 되기도 하고.

글 잘 쓰는 사람은 정말 매력적이야. 바로 너 같은 사람!

> 너의 생각과 마음이 차곡차곡 쌓여 있는
> 일기장은 버리지 말고,
> 어른이 될 때까지 간직하자.

*팬픽: 'fan fiction'의 줄임말. 팬이 좋아하는 스타를 주인공으로 삼아 창작한 소설.

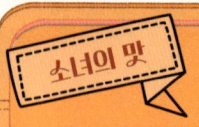
소녀의 맛

8. '맵부심' 부리고 싶은데, 너무 매워

매운 맛은 통증이라고!

'맵부심*' 있어? 매운 음식을 먹으면 땀이 뻘뻘 나면서 스트레스가 확 풀리는 것 같지? 근데 사실 매운 맛은 '맛'이 아니야. 단맛, 짠맛, 신맛, 쓴맛 등은 '미각 수용체'를 통해 뇌로 전달되는데, 매운 맛을 내는 성분인 캡사이신은 '감각 수용체'를 통해 뇌에 전달돼. 즉, 미각이 아닌 감각이라는 거지. 감각 중에서도 '통증'이야!

우리가 매운 음식을 먹으면 몸은 통증을 느끼고 위험한 상황이라고 판단해. 그래서 고통을 줄이기 위해 땀을 내고 자연 진통제인 엔도르핀을 분비하지. 앞에서도 언급했듯 엔도르핀은 '행복 호르몬'이라고도 해. 그래서 매운 음식을 먹으면 스트레스가 풀린다고 느끼는 거야.

그렇다면 매운 음식을 먹었을 때 우리 몸속은 어떨까? 정신적으로는 스트레스가 풀릴지 몰라도 위는 굉장히 싫어해. 위는 소리 없는 아우성과 몸부림을 치지. 매운 음식은 위에 큰 자극을 주고 때때로 설사를 일으키기도 하거든. 실제로 매운 볶음면 여러 개를 한꺼번에 먹고 배탈이 나서 응급실에 간 사람도 있다고 해. 그러니 맵부심은 적당히 부리자. 건강이 우선이니까!

매운 정도를 나타낸 수치를 '스코빌 지수(SHU)'라고 해. 좋아하는 음식의 스코빌 지수를 확인해 봐!

*맵부심: '매운 음식을 잘 먹는 자부심'의 줄임말. 매워도 잘 참고 먹는 걸 자랑스러워하는 말.

소녀의 맛

9. 직접 먹어도 좋지만, 먹방은 더 좋아

찍먹 VS 부먹

민초파 VS 반민초파

짜장 VS 짬뽕

먹방은 재미있게, 식사 예절은 바르게

좋아하는 '먹방러' 있어? 지금은 전세계적으로 '먹방*(mukbang)'이라는 용어가 통용되고 있지만 일본에선 예전부터 먹방러와 비슷한 의미로 '푸드 파이터(food fighter)'라는 말을 사용했어. 엄청난 양의 음식을 짧은 시간 안에 먹는 게 흡사 격투기를 하는 것 같잖아.

사람들은 왜 먹방을 볼까? 다른 사람이 즐겁게 먹는 모습을 보면 기분이 좋아진다는 사람도 있고, 음식 먹는 소리가 ASMR*로 들려서 마음이 편안해진다는 사람도 있어. 먹방러의 수다를 들으며 외로움을 달래기도 하고, 지금 먹을 사정이 안 돼서 다른 사람이 먹는 걸 보며 대리 만족하기도 해. 외국 먹방을 보며 그 나라의 음식 문화를 배우기도 하지.

하지만 먹방은 일종의 콘텐츠일 뿐이야. 현실과 혼동하면 안 돼. 일상생활에서 그런 자극적인 식사를 하는 사람은 아주 드물어. 먹방을 그대로 따라 했다가는 건강상 여러 가지 심각한 문제가 생길 수 있으니 주의하자!

> 많은 양의 음식을 한입에 억지로 욱여넣거나 쩝쩝대는 소리를 내는 건 조심해 줘.
> 식사 예절은 같이 먹는 사람에 대한 기본 예의니까.

*먹방: '먹는 방송'의 줄임말. 출연자들이 음식 먹는 모습을 보여 주는 방송을 말함.
*ASMR: '자율 감각 쾌락 반응'의 영어 줄임말. 심리적 안정감이나 쾌감을 주는 소리.

네 음식 취향, 진짜 네 것이 아닐 수 있어

방금 밥을 먹었는데, 또 배가 고프다고? 이게 무슨 일? 청소년은 1년 동안 음식을 떠올리는 데 무려 135시간이나 쓴대! 10대의 몸은 엄청 빠르게 크고 있어서 칼로리가 높은 음식이 자주 당기는 건 자연스러운 현상이야.

10대가 가장 좋아하는 음식은 주로 마라탕이나 떡볶이 등 매운 음식을 비롯해, 피자·햄버거·치킨 같은 패스트푸드, 초콜릿과 감자 칩 그리고 콜라와 같은 탄산음료 등이야. 이 음식들에 많이 들어 있는 설탕, 소금, 탄수화물이 우리에게 필요하긴 하지만, 너무 많이 먹으면 뇌에서 '도파민'이라는 쾌락 호르몬이 마구 분비돼. 도파민이 주는 쾌락을 또 느끼고 싶어서 실제로 배가 고프지 않은데도 계속 뭘 더 먹고 싶어지는 '음식 중독'이 될 수 있어.

한 가지 더 생각해 볼 게 있어. 사람들이 계속 음식을 먹고 싶게 만들어서 무조건 많이 팔려고만 하는 기업도 있어. 그런 음식을 개발하기 위해 엄청난 연구비를 쓴다는 사실! 네가 특정 음식을 좋아하게 된 게 단순히 네 취향만은 아닐 수도 있단 얘기야.

배가 고플 땐 얼마든지 먹어도 좋아! 하지만 가짜 배고픔에 속지는 말자고.

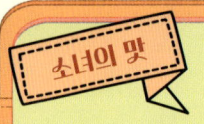

11. 에너지 드링크, 기운이 솟는 것 같아

에너지 드링크는 '취향 존중'이 어려운걸!

숙제는 많은데 시간은 부족하고 졸음은 쏟아져….
그래서 에너지 드링크를 마신다고?
'에너지 드링크'라는 명칭이 너희들을 속이는 것 같아 속상해. 마치 마시면 에너지가 막 솟아날 것 같은 이름이잖아. 사실은 전혀 그렇지 않은데. 에너지 드링크에는 '카페인'이라는 성분이 잔뜩 들어 있어. 보통 60~180밀리그램이 들어 있는데, 몸무게가 50킬로그램 정도인 청소년의 경우 카페인을 하루에 125밀리그램 이상 섭취하면 안 돼. 그런데 에너지 드링크 한 캔만으로도 이미 권고량을 넘어 버릴 수 있는 거지.
카페인의 주된 역할 중 하나는 '각성 효과'야. 잠이 확 깨게 만드는 거야. 몸에서 에너지가 솟게 하는 게 아니라 잠깐 잠을 쫓아 주는 셈인데, 문제는 카페인 효능이 떨어지면 피로가 두 배로 몰려온다는 거야. 또 카페인 때문에 심장이 지나치게 빨리 뛰거나 호흡이 빨라질 수도 있어. 밤엔 잠이 잘 들지 않는 불면증이 오기도 하고. 이런 부작용이 있기 때문에 에너지 드링크 섭취는 최대한 피하는 게 좋아. 요즘 대세는 '취향 존중'이라지만 건강에 해로운 건 취향 존중에 해당 없음!

음료를 마실 때 카페인 함유량을 확인해 봐.
어떤 음료건 표기되어 있어!

짧아서 강렬하고, 끊임없이 몰려와

요즘은 짧으면 짧을수록 더 좋아하는 것 같아!

숏폼의 인기 비결? 우리들의 짧아진 '주의 집중 시간(attention span)'이 그 요인이야. 이탈리아의 언론인 리사 이오띠는 《8초 인류》라는 책에서 갤러리에서 관찰한 사람들의 주의 집중 시간이 8초밖에 되지 않는다는 충격적인 결과를 밝히기도 했어. 실제로 재생 시간이 짧은 영상일수록 조회수가 더 높다고 해.

숏폼은 보는 것도 즐겁지만 촬영한 영상에 배경 음악을 깔고 간단하게 편집하면 만들 수 있으니 누구나 주인공이 될 수 있는 게 큰 매력! 흥미롭고 유용한 숏폼만 있으면 좋을 텐데 꼭 그렇지만은 않다는 게 문제지. 짧은 만큼 퍼지는 것도 순식간이고, 조회수가 높으면 큰돈을 벌 수도 있으니 자극적이고 해로운 내용이 마구 올라오기도 하거든.

이미 시청한 영상과 비슷한 영상을 무한대로 추천해 주는 '알고리즘'이 문제가 되기도 해. 조금만 보려고 했는데 끊임없이 나오는 영상의 파도에 네 소중한 시간이 순삭*! 스스로 제어하는 건 거의 불가능해. 시청 시간과 검색어를 제한할 수도 있으니 어른과 함께 메뉴를 살펴보자.

> 숏폼 다음엔 무엇이 등장할까?
> 그 새로운 미디어를 탄생시키는 주인공이
> 바로 네가 될 수도 있어!

*순삭: '순식간에 삭제'를 줄여 이르는 말.

13. 소셜 미디어, 멈출 수가 없어

소셜 미디어, 재미지고 야무지게

소셜 미디어 많이들 하지? 일상을 올려서 친구들한테 자랑도 하고 위로도 받고. 하지만 소셜 미디어를 많이 하다 보면 소셜 미디어 때문에 상처받는 일도 생겨. 맨체스터 유나이티드 축구팀 감독이었던 퍼거슨은 심지어 이런 말을 하기도 했어. "소셜 미디어는 인생의 낭비다." 사실 소셜 미디어 자체엔 큰 문제가 없어. 어떻게 사용하느냐에 따라 독이 될 수도, 약이 될 수도 있을 뿐. 특히 소셜 미디어는 악기 연주, 춤, 외국어, 일러스트 등 취미를 꾸준히 올리는 공간으로 참 좋지. 다른 사람이 올린 게시물을 통해 다양한 정보를 얻을 수도 있고.

다 좋은데, 하나만 기억하자. 친구나 타인을 저격 또는 험담하는 글이나 댓글을 다는 건 절대 안 돼. 개인 정보나 민감한 정보도 절대 올려선 안 되고. 네가 얼른 지워도 그 기록은 사라지지 않을 수 있어. 또, 어른이 된 후에도 오래도록 널 괴롭힐 수 있어. 이런 것들만 조심하면서 '재미지고* 야무지게' 소셜 미디어를 활용해 보자!

> 꿈꾸는 장래 희망이 있어?
> 그것과 관련된 게시물을 소셜 미디어에
> 꾸준히 올린다면
> 너만의 멋진 '포트폴리오'가 될 거야.

*재미지다: '재미있다'의 방언. (전남)

셀카는 즐거울 때까지만

찍으면 찍을수록 느는 셀카 실력! 그게 다 시간과 노력을 들인 경험의 소산이라고. 사진 앱의 각종 필터를 이용해 보는 건 기본! 멀리서도 찍어 보고 가까이에서도 찍어 보고 일부러 흔들리게도 찍어 보고. 이왕 찍는 사진인데 예쁜 모습으로 남기면 좋잖아? 찍는 과정도 재밌고. 예쁘게 나온 셀카를 소셜 미디어에 올려서 '좋아요'와 댓글을 받으면 기분이 엄청 좋지.

그런데 소셜 미디어에 셀카를 지나치게 많이 올린다면 그땐 네 마음을 한번 잘 살펴볼 필요가 있어. 노팅엄트렌트대학교 마크 그리피스 교수는 셀카에 집착하는 증상을 '셀피티스(selfitis)'라고 불렀어. 그리고 셀피티스를 경계, 심각, 만성, 이렇게 3단계로 나눴는데, 종일 셀카를 찍고 싶은 충동에 시달리고 셀카를 하루에 6회 이상 소셜 미디어에 올린다면 만성 셀피티스에 해당한다고 해! 사진 찍기가 즐거움과 소통을 넘어 고통스러운 집착이 된 거야. 그러니 셀카는 즐거울 때까지만!

사진은 얼마든지 찍어도 좋지만 올릴 땐 주의해야 해. 다들 알지? 특히 친구와 함께 찍은 사진은 허락 없이 절대로 소셜 미디어에 올리거나 전송하지 말기!

소녀의 미디어

15. 게임 중독일까?

"게임하는 시간은 너무 즐거워!"

"이제 할 일 하러 가야겠다."

"밤엔 자야지."

"역시 게임이 최고야!"

"이길 때까지 한 판만 더!"

"자야 하는데, 멈출 수가 없어!"

휘둘리지 않고 게임하기

게임 좋아해? 너무 당연한 걸 물었나?

게임은 사실 장점이 많아. 전략을 짜야 하니 머리를 많이 써야 하고, 팀 플레이를 하려면 협동할 수밖에 없지. 촘촘히 짜여진 스토리와 아름다운 그래픽을 보면 예술 작품이나 마찬가지야. 하지만 게임이란 녀석, 사람을 중독시키는 마력이 있어. 적당히 하고 싶은데 그게 맘대로 되지 않잖아.

매일 게임을 한다고 다 중독이라고 할 순 없어. 정말 '게임 중독'일 경우 이런 증상들을 보인대. 게임하느라 낮인지, 밤인지 시간 감각이 희미해지는 경우, 나도 모르게 용돈의 거의 대부분을 게임에 쓰는 경우, 가족과의 식사 시간에도 게임을 멈추지 못하는 경우, 게임을 하지 못하면 화가 나고 거친 말을 하게 되는 경우, 게임을 제외한 모든 일에 전혀 흥미가 없는 경우 등이야. 스스로 중독에 해당하는지 확인해 봐.

혹시라도 중독이 의심되면 스마트쉼센터 홈페이지(www.iapc.or.kr)에 들어가 보자.

16. 인싸가 되고 싶어

5. 자아실현의 욕구:
가장 높은 수준의 욕구로, 삶의 보람을 느끼고 자신의 잠재력을 발휘하고자 하는 욕구. 아름다움, 신뢰, 정의 등에 대한 욕구도 포함한다.

4. 존중의 욕구:
타인으로부터 존중받고 인정받고 싶은 욕구.

3. 사랑과 소속의 욕구:
사랑받고 싶고 어딘가에 소속되고 싶은 욕구.

2. 안전의 욕구: 불안, 공포 등에서 벗어나 안전하고 싶은 욕구.

1. 생리적 욕구: 먹고 자는 것처럼 생리적이고 본능적인 욕구.

매슬로의 인간 욕구 5단계 이론

관심받고 싶은 건 인간의 본능!

인싸*가 되고 싶어? 항상 친구들에 둘러싸여 있고, 활달하고 붙임성 좋은 인싸 친구들을 보면 부럽고, 너도 그렇게 되고 싶다는 생각을 한 번쯤은 해 봤을 거야.

사람들은 왜 인싸를 부러워하고 인싸가 되고 싶어 하는 걸까? 옆의 욕구 피라미드 그림을 보면 3단계 '사랑과 소속의 욕구'와 4단계 '존중의 욕구'가 있지? 주변 사람들의 인정과 사랑을 받고 싶고, 어딘가에 소속되고 싶은 마음은 인간의 자연스러운 욕구인 거야. 뮤지션은 사람들이 좋아하는 노래를 만들고 싶고, 작가는 독자의 관심을 받는 책을 쓰고 싶지. 연예인은 팬들의 사랑으로 활동하는 거고.

그렇다면 늘 관심의 대상이 되는 인싸는 모든 게 만족스럽고 행복할까? 꼭 그렇지는 않아. 때론 그 관심이 부담스럽기도 하고, 많은 사람의 주목을 받아도 충족되지 않는 게 있지. 우리에게 정말로 필요한 건 서로 공감해 주며 속마음을 터놓고 기댈 수 있는 사람들! 지금 몇 명의 얼굴이 떠오른다고? 그들이 널 오래오래 단단하게 지지해 줄 거야!

> 어떻게 하면 인싸가 될지 고민하기 전에
> 먼저 해야 할 게 있어.
> 그건 바로 네 매력을 알아차리는 것!

*인싸: '인사이더(insider)'의 줄임말. '무리에 잘 섞여 노는 사람'이라는 뜻.

좋은 친구를 만나 소중한 관계를!

이성 친구를 만난다는 건 어떤 느낌일지 궁금하다고?

우선 누가 네게 고백했다고 꼭 사귈 필요는 없어. 누가 널 좋아한다면 어깨가 으쓱해지지만 곧장 사귀기 전에 할 일이 있어. 네 마음을 잘 들여다보는 거야. 너도 그 친구에게 호감이 있다면 만나도 되는데, 가장 중요한 건 반드시 좋은 사람을 만나야 한다는 거야. 그러니 그 친구를 잘 살펴봐. 너에게 잘해 주는 것도 중요하지만 행동이 거칠거나 다른 사람에게 무례하다면 빠른 손절* 필수!

누군가를 사귄다는 건 시간과 에너지가 많이 필요한 일이야. 그런 만큼 같이 있으면 즐겁고, 자존감도 쑥쑥 올라가는 친구를 만나는 게 좋겠지. 더군다나 의외의 매력으로 감동을 주거나, 배울 점이 많다면? 네 시간과 에너지를 써도 아깝지 않겠어.

참, 이성 친구를 만날 때 무엇보다 중요한 게 있어. 바로 네 몸은 '너만의 것'이라는 거야. 누구도 네 몸을 함부로 만질 수 없어. 이성 친구도 마찬가지. 마지막으로, 이성 친구는 '소유'하는 대상이 아니야. "넌 내 것", "난 네 것"이라고 하거나, 무조건 모든 걸 함께 해야 한다고 생각하면 곤란해.

조금 민망하더라도 교제 중이라고 부모님께 꼭 말씀드리자.
나중에 알게 되면 서운하실 테니.

*손절: '손해를 보더라도 끊어낸다'는 뜻. 원래는 주식 시장에서 쓰는 말.

네가 변하듯, 관계도 변하지

친구 관계는 시험 문제보다 더 어려운 것 같다고?
어른들도 가장 힘들어 하는 게 인간관계야. 시험엔 정답이 있지만, 인간관계엔 정답이 없으니 더 어려운 게 맞아!
혹시 유치원 다닐 때 가장 친했던 친구 이름 기억나? 잘 생각나지 않는 건 자연스러운 일이야. 벌써 몇 년이 흘렀잖아? 학교도 다르고 자주 만나지도 않으니 자연히 멀어지지. 넌 새 환경에서 새 친구들을 사귀었고. 몸이 멀어지면 마음도 같이 멀어지게 돼.
다른 반이 된 절친도 마찬가지야. 여전히 너와 좋았던 기억이 있지만 새로운 반에서 새 친구들을 사귀는 게 당연해. 솔직히 좀 쓸쓸할 수도 있는데, 너도 곧 새 친구를 사귈 거잖아. 네가 자라고 네 생각도 변하듯 친구도 변하고 관계도 변하는 거야. 조금 서운한 마음은 새 친구를 사귀면서 훨훨 날려 보내자고!

평생 절친하고 싶은,
놓치지 않고 싶은 친구라면
먼저 연락해서 종종 만나 보자!

소녀의 관계

19. 선생님이 좋은데, 불편하기도 해

선생님도 늘 어색함과 싸우고 있어!

유독 선생님께 말 잘 걸고 친근하게 다가가는 친구들이 있어. 선생님도 그 친구들에게 더 친절하신 것 같아 부럽다고? 비밀 하나 알려 줄까? 선생님도 학생들 대하는 게 늘 조심스럽대. 학생들 저마다 성격도, 개성도 다르니 정답이 없거든. 먼저 다가와 주는 친구들과 더 쉽게 대화를 시작할 수 있는 건 맞지만 선뜻 다가오지 않는 친구들을 어떻게 대하면 좋을지도 늘 고민하신대.

선생님과 대화를 많이 하지 않아도 마음이 괜찮다면 이대로도 충분히 좋아. 하지만 그렇지 않다면 이런 방법을 써 볼까? 교실이나 복도에서 선생님을 만나면 "선생님, 안녕하세요!" 하고 평소보다 살짝 높은 톤으로 인사해 보는 거야. 선생님 수업이 재밌거나 어떤 일에 감사하다면 쪽지로 "선생님 수업 재밌어요.", "많이 도움됐어요" 하고 속마음을 전해 보면 어때? 선생님도 엄청 기쁘실 거야. 조금 용기를 내 봐!

특히 감사했던 선생님의 이메일이나 연락처는 잘 저장해 둬. 두고두고 '내 인생의 스승'이 될 수도 있으니까. 반대로, 너 또한 선생님께 소중한 '내 인생의 제자'가 될 수 있지.

> 공부나 친구 관계가 고민될 때 선생님께 상담을 요청해 봐. 여러모로 도와주실 거야.

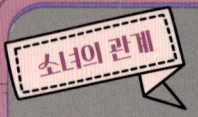
소녀의 관계

20. 부모님께 들키고 싶은 속마음

내 의견을
진지하게 생각해 주세요.
나도 생각하고 행동하는 거예요.
내 공간을 존중해 주세요.
내 취향도 소중해요.
내 마음을 몰라 주면
속상해요.

속마음을 적절히 표현해 보자

부모님과 의견이 자꾸 엇갈린다고? 부모님 참견이 너무 심하다고? 지금 네 나이엔 자연스러운 생각이야. 10대는 '자아 정체감'을 완성해 가는 시기라 부모님의 의견과는 다른 너만의 의견이 생기지. 부모님께 '들키고 싶은' 네 속마음을 읽어 볼까?

첫째, 적당한 거리 두기! 마음대로 뽀뽀하거나 안는 거 싫어. 노크 없이 내 방에 들어오는 건 노(no) 답! 둘째, '답정너*' 대화는 이제 그만. "그렇게 오래 자고 싶니?" "커서 뭐가 되려고 그러니?" 같은 말을 들으면 막다른 벽에 다다른 느낌! 답이 정해진 걸 왜 묻는 거야? 어떻게 하는 게 좋을지 같이 고민해 주면 좋겠어. 셋째, 판단하기 전에 공감 먼저. 일이 잘 풀리지 않거나 실수를 했을 때 "내가 그럴 줄 알았다"며 나무라기보다 좌절하고 우울한 마음을 먼저 읽어 주면 좋겠어.

그런데 말이야, 너도 10대는 처음이잖아? 부모님도 엄마 아빠 역할은 태어나서 처음이라 실수도 하고, 후회도 하는 거야. 네가 그러는 것처럼. 하나만 기억해. 부모님은 너를 아끼고 사랑해서 네 고민에 대해 누구보다 진지하게 생각하고, 해결에 도움을 주기 위해 최선을 다하신다는 것을.

네 속마음을 부모님께 적절하게 표현해서 서로 이해하면 참 좋을 것 같아.

*답정너: '답은 정해져 있고 너는 대답만 하면 돼'라는 뜻. 자신이 듣고 싶은 대답을 미리 정해 놓고 상대방에게 질문하는 사람. 또는 그런 행위.

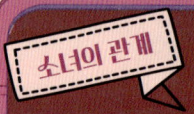

21. 강아지 너무너무 키우고 싶은데

한번 키우기 시작하면 끝까지 책임지는 거야

깨물어 주고 싶을 만큼 사랑스러운 강아지, 고양이들! 어떤 종을 키우고 싶어? 포메라니안? 비숑? 잠깐! 어떤 종을 키울지 고르기 전에 먼저 물어야 할 질문이 있어. 바로 '나는 반려동물을 끝까지 책임질 수 있는가?'야.

2022년에 우리나라에서 버려진 유기 동물이 무려 11만 마리 이상! 몰랐지? 엄청난 숫자야. 앙증맞은 새끼 때는 귀여워서 기르기 시작했다가 키우면서 사룟값, 질병, 개인 사정 등의 이유로 버리는 거야. 그 때문인지 2014년에는 동물이 버려지는 걸 막기 위해서 태어난 지 2개월이 넘은 반려동물은 반드시 지방 자치 단체에 등록하도록 한 '동물등록제'라는 제도가 생겼어.

동물을 키우려면 생각보다 큰 사랑과 양보와 책임이 필요해. 여행갈 때 반려동물을 데리고 가기 어렵다면 주변 사람들이나 펫 호텔에 잠시 맡기고 가야 하지. 반려동물 치료는 의료 보험이 적용되지 않아 깜짝 놀랄 정도로 비싸다는 것도 알아 두자.

반려동물은 한번 키우기 시작하면 당연히 끝까지 책임지는 거야. 그러니 이 모든 걸 고려해서 충분히 고민해 보자.

집은 우리 가족의 공동 공간! 가족 회의를 열어 반려동물을 키우는 것에 대해 먼저 얘기해 보자.

돈의 주인은 바로 너!

용돈은 늘 부족한 것만 같다고?

정해진 용돈을 잘 써 나가는 비결이 몇 가지 있어.

첫째, 용돈 기입장을 써 보자. 그래야 네가 어디에 돈을 많이 쓰는지, 쓸데없는 데 쓰진 않았는지 파악할 수 있어.

둘째, 큰 돈 쓸 일이 있다면 용돈을 모아 두자. 사고 싶은 걸 꾹 참고 꼭꼭 모아 두었다가 더 큰 일에 쓰는 기쁨은 공짜로 무엇을 얻을 때보다 크지. 스스로 참고, 모아, 이룬 거니까.

셋째, 돈을 빌리거나 빌려주지 말자. 친구들끼리 작은 돈은 쉽게 빌리고 빌려줄 수 있다고 생각할 수 있지만 실제로는 '빚'을 지는 거야. 빚지는 걸 쉽게 생각하면 절대 안 돼. 돈 거래는 어른이 되어서도 굉장히 신중하게 해야 해.

넷째, 용돈은 한정되어 있으니 지금 이걸 사면 그다음에 사고 싶은 건 살 수 없어. 예를 들어 지금 당장 문방구 앞에 걸린 포토 카드를 사면 이따 와플을 못 사 먹지. 그러니 한정된 용돈을 어디에 쓰는 게 더 만족스러울지 신중하게 생각해 보고 쓰자.

이 비결들을 참고해 네가 돈의 주인이 되어 관리하자고!

갖고 싶은 물건을 부모님께
무작정 사 달라고 하지 말고,
꾸준히 모은 용돈을 보태겠다고 해 봐.
부모님도 아마 거절하기 쉽지 않으실걸?

게으르거나 이기적이어서 늦는 건 아니라지만

오늘 또 지각해 버렸다고? 너도 늦고 싶어서 늦은 건 아닐 거야. 그런데 이건 단순히 게으르거나 이기적이어서 그런 게 아니라네? 우선 준비하고 이동하는 시간을 실제보다 짧게 예상해서일 수 있어. 집에서 학교까지 10분 걸린다고 10분 전에 나서면 이미 늦을 가능성 90퍼센트! 그날따라 엘리베이터가 늦게 올 수도 있고, 무언가 두고 와서 다시 집에 가야 하는 경우가 생길 수도 있지. 여러 돌발 상황을 감안해서 소요 시간을 좀 더 넉넉하게 다시 계산해야겠지?

시간이 촉박해서 조바심을 느끼면 뇌에서 긴급히 '위험 상황' 모드가 발동되고 이성적인 판단을 내리기 어려워져. 안 그래도 늦은 날 숙제나 준비물을 빠트린 기억, 다들 있지?

지각을 거듭하거나 약속 시간에 자꾸 늦으면 사람들이 널 더 이상 신뢰하지 않게 돼. 돈으로 결코 살 수 없는 것이 바로 신뢰! 약속 시간을 잘 지키는 습관은 너를 평생 든든하게 받쳐 주는 버팀목이 될 거야.

> 아침에 일어나서 학교에 도착하기까지 평균적으로 얼마나 걸리는지 시간을 재 보고, 소요 시간보다 10분 정도 일찍 일어나 여유를 가져 보자.

10대의 생체 시계는 어른과 달라!

먼저 알아 둘 게 있어. 잠이 많은 건 네 의지가 약하고 게을러서가 절대 아니야! 우리 몸의 생체 시계는 수면 시간을 비롯한 하루 활동 시간을 알려 주는데, 10대의 생체 시계는 어른보다 1~2시간 늦게 맞춰져 있대. 그러니 늦게까지 잠이 안 오는 게 당연해.

10대는 하루에 9시간 정도 자야 하지. 자정에 잠들었는데 학교에 제시간에 가려면 7시쯤 일어나야 하잖아. 잠이 2시간이나 부족한 거야. 그러니 아침마다 잠투정을 할 수밖에.

등교 시간을 조절하긴 어려우니 일찍 자기 위한 방법을 써 보자. 잠자기 전에 살짝 어둑한 조명을 켜 두면 수면을 도와주는 호르몬인 멜라토닌이 더 서둘러 나온대. 또 자기 전에 온몸을 구석구석 스트레칭 해 주면 근육이 이완되어 빨리 잠 드는 데 도움이 돼. 무엇보다 잠을 가장 방해하는 건 스마트폰! 불 끄고 누워서 친구랑 메시지 주고받는 게 꿀잼이긴 하지만, 과감하게 멀리 두고 자 보자.

밤에 잘 때 분비되는 멜라토닌은 피부가 고와지게 해. 또 잘 때 성장 호르몬이 훨씬 많이 분비된다니 피부가 고와지고 싶은 친구, 키가 크고 싶은 친구들은 좀 더 신경 써서 꿀잠 필수!

잠을 줄여 가며 공부하는 건 절대 비추*!
잠을 줄이기보다 깨어 있는 시간에 알차게 집중해 보자고!

*비추: '비추천(非推薦)'의 줄임말로 '추천하지 않는다'는 뜻. '반대한다'는 의미로도 쓰임.

소녀의 몸

25. 옷 잘 입고 예뻐 보이고 싶어

네 패션의 주인은 너!

유명 패션 디자이너 지아니 베르사체는 이런 말을 남겼어.

"패션이 당신의 주인이 되어서는 안 된다. 옷 입는 방식을 통해 자신이 누구인지, 무엇을 표현하고 싶은지 스스로 결정하라."

그저 유행하는 옷을 사 입는다고 옷을 잘 입는 건 아니지. 패션은 자신을 표현하는 방법 중 하나니까 네 개성을 살리고 네게 잘 어울리는 옷을 입는 게 중요해. 남들에게 어떤 이미지로 보이고 싶은지도 옷을 고를 때 중요한 고려 사항이지.

10대가 되면서 외모 꾸미기와 옷차림에 더 관심이 간다고? 당연하지! 사춘기 즈음부터 시각을 담당하는 대뇌의 '새발톱고랑(calcarine fissure)'이라는 부분이 급격히 발달해. 시각이 발달하니 자신과 타인의 외모, 차림새에 민감하게 신경이 쓰이는 거야.

디자인이 예쁜 옷도 좋지만 그 옷이 네 체형과 피부톤에 어울리는지도 잘 살펴보자. 또, 디자인만 보고 옷을 고르면 입었을 때 불편할 수 있어. 소재나 패턴, 사이즈도 같이 고려해 보자.

다양한 사람들의 패션 스타일을 보면서 참고해 봐. 많이 보고 많이 입어 봐야 너만의 스타일을 만들어 나갈 수 있으니까.

소녀의 몸

26. 재미없고 힘든 운동, 꼭 해야 해?

운동은 평생의 든든한 지원군

체육 시간마다 고역이라는 친구들이 있어. 운동 규칙은 어렵고, 연습해도 늘지 않고, 땀이 나서 온몸이 끈적끈적한 것도 참기 힘들고. 다이어트가 필요한 것도 아닌데 굳이 운동할 필요가 있냐고?

한 마디로 운동은 필수야! 예외 없음! 가수나 요리사, 통역사, 선생님, 일러스트레이터 등 어떤 직업을 선택하든 운동은 꼭 필요해. 열정은 가득한데 체력이 부족하면 열정과 능력을 100퍼센트 발휘할 수 없으니까.

《운동화 신은 뇌》를 보면 신경과학자가 사람들을 두 그룹으로 나눠 실험을 했어. 한 그룹은 일주일에 3번씩 달리기를, 다른 그룹은 그저 스트레칭만 시켰어. 6개월 후 달리기를 한 그룹은 해마와 전두엽, 측두엽의 크기가 커졌대. 달리기가 뇌의 발달을 돕는다니, 놀랍지 않아? 실제로 어떤 나라에서는 운동을 매우 중요시해서 대학 입시에서 운동 실력이 큰 비중을 차지하기도 해.

먼저 다양한 운동의 종목들을 탐색해 보자. 대결을 하는 스포츠에는 태권도, 유도, 합기도, 주짓수, 권투 등이 있어. 공을 다루는 운동에는 축구, 야구, 농구, 배구, 배드민턴 등이 있고, 스쿼시나 테니스도 많이 즐기지. 암벽이나 장애물 등을 이용하는 클라이밍이나 파쿠르도 있고, 맨몸으로 하는 요가도 있어. 평생 너의 든든한 지원군이 될 운동을 지금부터 시작해 봐!

이것저것 시도해 보면서 네게 맞는 운동을 찾아보자.

속옷은 무조건 편해야 해!

브래지어가 불편하다고? 숨이 막히고 소화도 안 된다고? 브래지어에 들어 있는 와이어가 갈비뼈를 압박해 소화 불량이 될 수도 있고 오래 착용하면 혈액 순환이나 림프 순환이 잘 안 되기도 해. 특히 여름엔 브래지어 때문에 더 덥기도 하고 브래지어가 닿는 부분이 가렵거나 염증이 생길 수도 있어.

'브래지어, 불편해서 못 살겠다!'는 목소리를 내는 사람들이 많아지면서 눈에 띄는 변화가 나타나고 있어. 편안한 브래지어가 많이 나오고 판매도 엄청 늘었어. 와이어나 패드가 들어 있지 않은 노와이어 브래지어와 브라렛, 브라가 상의에 붙어 있는 브라탑이나 브라 러닝 등 다양한 제품이 나와서 선택의 폭이 넓어졌지.

브래지어를 아예 착용하지 않는 여성들도 있어. 브래지어를 입지 않는 건 부끄럽고 혐오스러운 일일까? 몸에 대한 사회적 인식도 조금씩 바뀌어 가고 있으니 참 다행이야.

내 몸 가장 가까이 닿는 옷인 만큼,
속옷 선택은 꼼꼼히!
매장에서 직접 입어 보고
구매하는 게 좋아.

생리 기간에는 실제로 우리 몸이 변해

한 달에 한 번, 생리 때마다 너무 힘들고 괴롭다고? 종종 생리통이 없는 사람도 있다지만 생리 전과 후 우리 몸에서는 엄청난 변화가 일어나고 있어. 네 의지와 관계없이 호르몬에 마구 휘둘리는 시기거든.

우선 생리 직전에는 배가 묵직해져. 자궁의 크기는 살짝 부풀어 오르는 정도지만, 무게는 2배가 될 정도라네? 또 프로게스테론이라는 여성 호르몬이 마구 분비되는데, 이로 인해 식욕이 무척 좋아져. 자궁벽을 도톰하게 쌓기 위해서 실제로 영양분이 평소보다 더 필요하거든.

피부에도 변화가 생겨. 생리 직전의 피부는 가장 예민해져 있어. 턱 주위에 여드름이 맹렬하게 올라오거나 피부 톤이 푸석해지기도 하지. 대신, 생리를 시작하면 피부에 윤기가 돌게 하는 에스트로겐이 분비되어서 피부가 한층 밝아지고 매끄러워진다지?

허리와 배가 끊어질 듯 아프거나 두통을 느끼는 경우도 흔해. 행복 호르몬인 세로토닌의 분비가 줄면서 이유 없이 우울해지기도 하고.

다행히 이 모든 건 자연스러운 일이야. 그러니 생리 기간에는 이런 자신을 좀 더 이해해 주자고.

너무 괴롭다면 억지로 참지 말고
병원에 가서 상담을 받아 보는 게 좋아.

가장 비밀스러운 너만의 공간, 정리 팁이 필요해

부모님이 방을 청소해 주시는 건 참 감사한 일이지만, 네 물건을 다른 사람이 만지는 것은 좀 불편하지? 지저분한 것도 싫고, 누가 치워 주는 것도 싫다면 스스로 정리하는 수밖에. 정리는 왜 이렇게 어려운 걸까?

가장 큰 이유는 '공간보다 물건이 많아서'야. 물건은 '자연 발생설'처럼 가만 두면 계속 늘어나기 마련! 물건을 골라 버리지 않는 한, 방은 점점 더 좁아질 거야. 또 '효율적인 수납 방법을 찾지 못해서'일 수도 있어. 같은 크기의 공간인데 더 쾌적하게 정리하는 사람이 있잖아. 그리고 '정리를 미루다가 한꺼번에 하려고 해서' 더욱 힘든 거야. 하루에 10분씩만 정리 정돈해도 이렇게 엉망진창이 되진 않을 텐데, 한참을 미루었다가 정리하려니 엄두가 나지 않지.

어른들에게도 청소와 정리 정돈은 어려워. 무엇을 버리고, 물건을 어디에 놓으면 좋을지 결정하는 데에는 여러 가지 복합적인 판단이 필요하거든. 방 청소가 생각보다 간단하지 않지? 네 소중한 공간을 깔끔하게 유지하려면 노력이 필요해.

먼저 더 이상 필요 없는
물건을 골라내 볼까?
버리는 게 정리의 첫걸음!

30. 내 공간에 들어올 때 노크는 필수!

'상상의 청중'이 없는, 심리적으로 안전한 공간

누군가의 관심을 받고 싶긴 한데, 지나치게 챙겨 주고 관심 주는 건 또 불편하고. 모두가 네게 무관심하다면 슬프고 외롭겠지만, 오롯이 혼자 있는 시간은 또 필요하고. 이 모순된 마음조차 편안하게 가지고 있을 수 있는 곳이 바로 네 방이지.

10대의 특징 중 하나는 '상상의 청중'을 떠올리는 거래. 누군가가 항상 나를 주목하고 있다고 느끼고, 타인의 시선을 신경 쓰는 거지.

방문을 닫으면 어떤 누구의 주목과 참견, 판단을 받지 않을 수 있는 심리적으로 안전한 공간이 생기는 거야. 그래서 딸의 방에 자꾸 들어오고 싶은 부모님과 방문을 닫고 싶은 딸 사이에 '방문 전쟁'이 벌어져. 아기는 부모가 자길 봐 주지 않으면 울면서 관심을 끌려고 하지만 10대는 정반대야. 독립하려고 마음의 준비를 하는 거지. 방문을 닫으면서.

부모님이 네 방에 들어오시기 전에
어떤 기척을 해 주면 좋겠어?
부모님과 이야기 나누며 신호를 정해 보자.

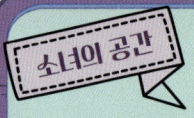
소녀의 공간

31. 집중이 잘 되는 공간? 안 되는 공간?

- 내게 잘 맞는 공간은 어딜까?
- 아주 조용한 곳?
- 적당한 소음이 있는 곳?
- 정리 정돈이 잘 되어 있으면 좋겠어.
- 치울 생각하니 벌써 머리가 아파.
- 방에 침대가 있는 게 좋을까?
- 이동하는 게 더 귀찮기도 해.
- 친구가 있으면 방해되진 않을까?
- 집중이 잘 되는 장소를 찾아보자.

네게 맞는 공간이 따로 있어

공부는 고도의 집중력과 체력을 필요로 해. 공부가 잘 되는 장소가 따로 있을까? 응, 따로 있어! 굳은 의지만으로 공부가 잘 되면 좋겠지만 그렇지가 않아. 환경이 중요하거든. 네 집중력을 흩트리는 것이 뭔지 하나씩 짚어 보자. 사람마다 민감하게 느끼는 부분이 다르니까.

우선 '소리'가 중요해. 어떤 사람은 아무 소음 없이 조용한 환경에서 집중이 잘 되고, 어떤 사람은 음악이 흐르거나 살짝 소음이 있어야 집중이 잘 된다고 해. 그래서 일부러 카페를 찾기도 하지.

그리고 책상 위의 정리 정돈 상태도 중요해. 잡다한 물건들을 먼저 치워야 한다면 공부를 시작도 하기 전에 벌써 지쳐. 스터디 카페 같은 곳은 늘 깨끗하게 정돈되어 있으니까 좀 더 쉽게 시작할 수 있지.

또 책상이 너무 낮거나 높으면 금세 피곤해져. 방에 침대가 있으면 쉽게 벌렁 드러누워 버리고 싶어지기도 하고.

공부하기에 나쁜 공간, 좋은 공간이 있다기보다는 네게 맞는 공간, 맞지 않는 공간이 있다는 게 더 정확할 거야.

> 네게 꼭 맞는 장소를 찾아보자.
> 네 집중력을 해치는 요소를
> 찾아내는 게 우선!

소녀의 꿈

32. 오래 앉아 열심히 한 것 같은데 성적이 오르지 않아

TO DO LIST

- 영어 단어 외우기
- 독후감 쓰기
- 심부름
- 책상 서랍 정리
- 학습지 끝내기

기억하고 싶은 문장

꿈은 직업만이 아니다!

오늘 나의 기분

PLANNER

좀 더 효율적인 공부법은 없을까?

'공부도 재능'이라는데, 그 재능을 타고 나지 못한 것 같다고? 같은 환경에서 같은 시간을 공부했는데 더 우수한 성적을 내는 사람이 있긴 해. 다소 억울한 마음이 들 수 있지만 운동도, 노래도 더 잘하는 사람이 있는 것처럼 공부도 그럴 수 있어.

공부한 시간에 비해 성적이 안 나온다면 공부 방법이 잘못됐을 수 있어. 먼저 배운 걸 잘 정리하는 게 공부의 시작! 그 후엔 정리한 걸 외우고 익혀야 하지. 분명 외웠는데 머릿속에서 새하얗게 지워졌다고? 그럴 때 필요한 게 바로 오답 노트! 자주 틀리는 문제, 자꾸 까먹는 개념만 모아 봐. 네가 뭘 알고 뭘 놓치고 있는지 아는 게 가장 중요해.

오래 앉아 있어도 집중이 힘들다면 '포모도로 기법(Pomodoro Technique)'을 한번 활용해 봐. 타이머를 25분 맞춰 두고, 알람이 울릴 때까지 바짝 공부에 집중하는 거야. 알람이 울린 후 5분은 자유롭게 휴식하고. 이 방식을 여러 번 반복하는 게 긴 시간을 무작정 앉아 있는 것보다 훨씬 효율적이야!

'공부법'에 관한 책들을 참고해 보면 어떨까? 여러 공부법 중 네게 꼭 맞는 방법만 쏙쏙 골라 써먹는 거지!

33. 폼나게 외국어 잘하고 싶어

외국어는 더 넓은 세상을 만나는 도구

외국어는 오직 시험에서 좋은 점수를 받기 위해 배우는 게 아니야. 현재 전 세계 인터넷에서 한글로 접근할 수 있는 정보의 양은 1퍼센트 정도에 불과하다고 해. 그럼 나머지 99퍼센트는? 외국어겠지! 그중에서도 영어로 된 자료가 가장 많아. 영어가 주요 교과목인 이유를 알겠지?

세상 사람들과 소통하는 도구로, 오랜 시간 인류가 쌓아 놓은 방대한 지식과 정보를 접하는 수단으로 외국어를 만나 보자. 작은 일부터 시작하면 돼. 소셜 미디어에 달린 외국어 댓글에 답변을 해 주거나 해외여행 갔을 때 그 나라 말로 직접 음식을 주문해 보는 것처럼.

언어는 오르막길처럼 실력이 쭉 오르는 게 아니라 계단식으로 상승 구간과 정체 구간이 있어. 정체기를 잘 버텨서 한 계단 한 계단 올라갈 때의 쾌감을 느껴 보자고!

쉬면서 유튜브 볼 때 있지?
영상에 달린 영어 댓글을 읽으며
영어 공부하는 재미도 쏠쏠해!

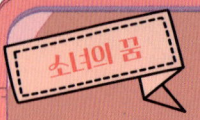

34. 장래 희망이 한두 개가 아니야

난 일러스트레이터이면서 유튜버야. 직업이 두 개지.

난 손재주가 좋아서 손으로 하는 건 다 잘해. 이걸 직업으로 연결해 보고 싶어.

난 패션 사업을 하면서 배우도 준비하고 있어.

다양한 관심사는 아주 큰 무기!

꿈을 일찌감치 하나 정하고 그 꿈을 향해 달리는 편이 좋지 않냐고? 그 말도 맞아. 가령 발레리나나 피아니스트가 되려면 아주 어릴 때부터 고도의 훈련이 필요해서 일찍 진로를 정하곤 하지. 하지만 대다수는 10대 후반에서 20대 초중반 사이에 직업을 고르곤 해.

게다가 예전에는 평생 한 가지 직업으로 살아가는 게 보편적이었다면 지금은 그렇지 않아. 작가이면서 카페를 운영한다거나 일러스트레이터이면서 유튜버인 경우도 흔하지. 또 아예 직업을 바꾸기도 해. 기업에 다니다가 배우가 되기도 하고, 의사였다가 변호사가 되기도 하고 말이야.

한편 시대의 변화에 따라 사라지는 직업도 있어. 직업이 사라진다고 겁먹을 필요는 없어. 그만큼 없었던 직업이 생겨나기도 하니까. 다만 벌써부터 장래 희망을 하나로 정해야 한다는 부담은 안 가져도 좋아.

다양한 재능과 재주를 가진 너, 제너럴리스트*가 각광받는 이 시대에 태어난 걸 축하해! 관심사가 다양한 게 큰 장점이 될걸?

음악과 게임을 동시에 좋아한다면
'게임 음악 작곡가'가 되어도 좋고,
영화와 외국어 둘 다 관심이 있다면
'영상 번역가'가 될 수도 있지.

*제너럴리스트(generalist): 다양한 분야에 지식과 경험을 가진 사람.

직업보다 더 자세히 알아야 할 게 있어, 바로 너!

되고 싶은 게 없다고? 꼭 직업을 가져야 하냐고?

우리는 커 가면서 부모님으로부터 여러 단계의 독립을 하게 돼. 젖을 떼고 스스로 활동하게 되는 '신체적 독립', 정서적으로 의존하지 않는 '정서적 독립'을 거쳐 마지막으로 '경제적 독립'을 하게 되지. 자기 힘으로 번 돈으로 살아 나가는 거야. 그러려면 반드시 직업을 가져야 해.

세상에 어떤 직업이 있는지 다 알지도 못하는데 당장 진로를 정하려니 답답하고 마음만 급하다고? 그래, 벌써 늦어 버린 것만 같아서 불안할 수 있어. 하지만 10대인 너희는 아직 다양한 경험을 해 보지 못했기 때문에 장래 희망을 정하기 어려운 건 당연해. 지금 진로를 정하는 것보다 더 중요한 게 있어. 그건 바로 자기 자신을 탐구하는 것! '난 뭘 좋아하지?' '난 어떤 성향을 가졌지?' '사람을 상대하는 일이 즐겁고 편한가, 버겁고 부담스러운가?' '몸을 사용하는 일을 좋아하는가, 아닌가?' '글을 읽고 쓰는 일이 익숙한가?' '숫자를 잘 다루고 답을 찾는 게 즐거운가?'

너의 강점을 찾아 자세히 관찰하며 발전시키다 보면 네게 꼭 맞는 직업을 만날 수 있을 거야. 또, 네가 자신 없는 점이 무엇인지도 같이 알아 두기!

> 여가 시간에 보통 뭘 하면서 보내?
> 가장 많은 시간을 쏟고 있는 너의 취미에서
> 실마리를 찾을 수 있을지도 몰라.

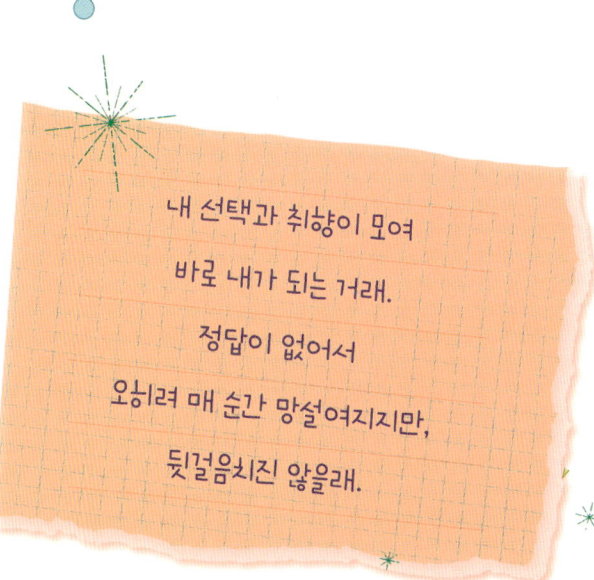

내 선택과 취향이 모여
바로 내가 되는 거래.
정답이 없어서
오히려 매 순간 망설여지지만,
뒷걸음치진 않을래.

작가의 말

　제가 초등학교 1학년 때쯤이었을 거예요. 학교 마치고 집으로 가는 길에 시장에서 우연히 중학생 언니들 몇 명을 보았어요. 근사한 교복을 입고, 깔깔 웃으면서 친구들과 삼삼오오 모여 길에서 떡볶이와 순대를 사 먹는 모습이 어찌나 당당해 보이던지! 그 언니들은 목소리도 크고, 표정도 다들 밝았죠. 키도 작고 달리기도 꼴찌여서 늘 어깨가 축 처져 있던 저는 그 언니들이 너무나도 부러웠답니다.

　"저 언니들은 고민거리도 없을 것 같아!"

　저도 10대가 되면 어깨 쫙 펴고, 자신감 있게 다닐 수 있을 것 같았거든요. 그런데 막상 10대가 되고 나니 더 많은 고민거리가 생기더라고요. 난데없이 매달 한 번씩 '생리'라는 것을 하질 않나, 절대 지각해선 안 되는데 매일 늦잠을 자질 않나, 내 몸이 도무지 말을 듣질 않는 거예요.

　몸뿐이겠어요? 마음도 제멋대로였어요. 부모님이 밥을 차려 놓으시고 "얼른 밥 먹어라!" 하기만 해도 신경질이 마구 나고, 하라는 공부는 뒷전이고, 좋아하는 가수 생각만 머릿속에 몽글몽글 피어오르는 거예요. 방앗간을 그냥 지나치지 못하는 참새마냥, 필통에 이미 필기구가 터져 나갈 듯 많은데도 매일같이 문구점에 가서 학용품을 구경하기도 했지요.

도무지 말을 듣지 않는 내 몸과 마음이 무척 원망스러웠어요. 나는 '엉망진창'이고, '구제 불능'이라며 탓도 많이 했지요. 어른이 되고서야, 아니 정확히는 아이들을 가르치는 선생님이 되어서야 알게 되었답니다. 내 몸과 마음이 제멋대로 구는 이유가 다 있다는걸요! 왜 부모님이 방에 불쑥 들어오면 짜증이 나는지, 왜 자꾸만 밥 말고 피자를 먹고 싶은지, 왜 매일 늦잠을 자게 되는지 그런 것들이요.

그 고민거리들을 그땐 결국 해결하지 못했지만, 어쨌거나 어른이 되었네요. 하지만 그 시절에 누군가가 곁에서 친절하게 '네가 이상한 게 아니야' '자연스러운 마음이야' 하고 얘기해 주었더라면 정말 좋았을 거예요. 그래서 제가 그 친절한 사람이 되어 보기로 했어요. 소녀들의 몸과 마음의 변화, 고민까지 속속들이 살피고 낱낱이 말해 주고, 안심시켜 주는 사람이 되어 볼게요.

과거의 소녀들과,
현재의 소녀들,
그리고 미래에 소녀가 될 그대들에게

이 책을 건넵니다.

김여진 드림

참고 도서

데이비스 색스, 《아날로그의 반격》, 박상현, 이승연 옮김, 어크로스, 2017
러셀 포스터, 《라이프 타임, 생체시계의 비밀》, 김성훈 옮김, 김영사, 2023
리사 이오띠, 《8초 인류》, 이소영 옮김, 미래의창, 2022
매리언 울프, 《책 읽는 뇌》, 이희수 옮김, 살림, 2009
바바라 페어팔, 《공간의 심리학》, 서유리 옮김, 동양북스, 2017
양은우, 《당신의 뇌는 서두르는 법이 없다》, 웨일북, 2020
장동선, 줄리아 크리스텐슨, 《뇌는 춤추고 싶다》, 염정용 옮김, arte(아르테), 2018
존 레이티, 에릭 헤이거먼, 《운동화 신은 뇌》, 이상헌 옮김, 녹색지팡이, 2023
캐롤라인 위버, 《펜슬 퍼펙트》, 이지영 옮김, A9Press, 2019

소녀들에게는
사생활이 필요해

2024년 3월 20일 1판 1쇄

글쓴이	김여진
그린이	이로우

편집	최일주, 이혜정, 홍연진
디자인	민트플라츠 송지연
제작	박홍기
마케팅	이병규, 양현범, 이장열, 김지원
홍보	조민희
인쇄	코리아피앤피
제책	J&D바인텍

펴낸이	강맑실
펴낸곳	(주)사계절출판사
등록	제406-2003-034호
주소	(우)10881 경기도 파주시 회동길 252
전화	031)955-8588, 8558
전송	마케팅부 031)955-8595 편집부 031)955-8596

홈페이지	www.sakyejul.net
전자우편	skj@sakyejul.com
페이스북	facebook.com/sakyejulkid
인스타그램	instagram.com/sakyejulkid
블로그	blog.naver.com/skjmail

© 김여진, 이로우 2024

값은 뒤표지에 적혀 있습니다. 잘못 만든 책은 구입하신 서점에서 바꾸어 드립니다.
사계절출판사는 성장의 의미를 생각합니다. 사계절출판사는 독자 여러분의 의견에
늘 귀 기울이고 있습니다.
이 책은 저작권법에 따라 보호받는 저작물이므로 무단 전재와 복제를 금합니다.

ISBN 979-11-6981-189-7 73370